Paul von Lind

Immanuel Kant und Alexander von Humboldt

Eine Rechtfertigung Kants und eine historische Richtigstellung

Paul von Lind

Immanuel Kant und Alexander von Humboldt
Eine Rechtfertigung Kants und eine historische Richtigstellung

ISBN/EAN: 9783743649026

Hergestellt in Europa, USA, Kanada, Australien, Japan

Cover: Foto ©ninafisch / pixelio.de

Weitere Bücher finden Sie auf **www.hansebooks.com**

Immanuel Kant

und

Alexander von Humboldt.

e Rechtfertigung Kants und eine historische Richtigstellung.

Inaugural-Dissertation

zur

Erlangung der Doktorwürde

der

Hohen philosophischen Fakultät

der

₎l. Friedrich-Alexanders-Universität zu Erlangen

vorgelegt von

Paul von Lind

aus Hamburg.

Tag der mündlichen Prüfung: 26. Juli 1897.

Erlangen.

K. b. Hof- und Univ.-Buchdruckerei von Fr. Junge (Junge & Sohn).

1897.

Inhalt.

—

Einleitung.

Es ist eine bekannte Thatsache, dass grosse Männer
selten sich gegenseitig Anerkennung zollen. Es scheint,
dass ein jeder Beeinträchtigung von dem andern fürchtet.
Neidloses, reines und selbstloses Gegenüberstehen, wo
einer den andern mit Hochachtung begrüsst, einer in
des andern Streben und Wissen freudig eine Ergänzung
seines eigenen Wissens und Strebens erblickt, ein be-
geistertes und freudig-selbstloses Zujauchzen, welches
nur der Förderung der Sache dienen soll und doch
schliesslich zu Hochachtung, Harmonie, persönlicher
näherer Bekanntschaft und Freundschaft führt, dies
reine, ideale Zusammenleben und Streben bietet die
Geschichte streng genommen nur ein einziges Mal und
zwar in dem hell leuchtenden Muster des deutschen
Dichterheroenpaares SCHILLER und GOETHE. Aber
jedermann, welcher die Geschichte dieser innigen
Freundschaft kennt, weiss, was diesem prächtigen
Bunde zweier grossen Seelen vorausging. Man weiss,
wie kalt, ja wie feindselig zuerst das Verhältnis war,
man weiss, mit welcher Befriedigung ein jeder nach
den Schwächen des andern spähte und sie mit Freuden
aufdeckte; man denke hier nur an GOETHES Beurteilung von SCHILLERS »Räuber« und vice versa an
SCHILLERS vernichtende Kritik über GOETHES »Eg-

mont . Gottlob waren diese Zeiten nur Durchgangs-
stadien und gleichsam nur finstere Wolken, hinter
welchen die Sonne hell und warm hervorbrach, die
Sonne der Freundschaft, einer Freundschaft, wie sie
als seltene, höchst seltene Ausnahme von der Regel
sich vorfindet.

Dem edlen Dichterheroenpaare, den Trägern der
deutschen Dichtkunst, steht ein anderes Paar jenes
Zeitalters gegenüber, die Träger der Wissenschaft,
KANT und A. V. HUMBOLDT. Und beide greifen
ebenso mächtig und gewaltig in die Speichen ihres
Zeitrades ein, wenn auch nicht in gemeinsamer Arbeit.
Ihre Grösse und der Wert ihres Wirkens muss es
thatsächlich bedauern lassen, dass eine persönliche
Bekanntschaft zwischen beiden aus natürlichen Gründen
unterblieb; denn KANT war schon mehr als 40 Jahre
tot, wie V. HUMBOLDT seinen Kosmos schrieb. Eben
in diesem Kosmos hat V. HUMBOLDT KANT mehrfach
berührt und beurteilt. Nun hat über diese im Kosmos
erfolgte Beurteilung seit jeher ein sehr glücklicher
Stern gewaltet. d. h. man hat allgemein angenommen,
dass V. HUMBOLDT im hohen Grade KANTS naturwissenschaftliche Werke und hier insbesondere dessen
»Allgemeine Naturgeschichte des Himmels anerkannt
habe. Treffliche Kantkenner, wie REUSCHLE und
KEHRBACH insbesondere heben die rühmende Anerkennung hervor, welche V. HUMBOLDT unserem KANT
habe zu teil werden lassen. REUSCHLE sagt, dass
KANT auch unter den bedeutendsten naturwissenschaftlichen Grössen des vorigen Jahrhunderts auf-
tritt, in welcher Eigenschaft er auch in dem
reichen historischen Material des HUMBOLDT-

schen Kosmos erscheint«[1]). Und KEHRBACH sagt
in seinen sonst trefflichen Randbemerkungen seiner
Vorrede zu KANTS »Allgemeiner Naturgeschichte des
Himmels« folgendes: »Kosmos Bd. I. S. 217 wird KANT
von v. HUMBOLDT »der grosse Weltweise« genannt, der dem Erdbeben von Lissabon »so trefflich
nachgespürt hat«. HUMBOLDT nennt KANTS »Naturgeschichte und Theorie des Himmels« »geistreich«
(Kosmos Bd. III. S. 551). KANT ist ihm »einer der
grössten Geister des 18. Jahrhunderts (Kosmos
Bd. III. S. 558); er ist ihm »der unsterbliche
Philosoph von Königsberg« (Bd. V. S. 7)«[2]). Zumal nach KEHRBACHS Citaten aus dem Kosmos scheint
es unbedingt festzustehen, dass jene allgemeine Anschauung, v. HUMBOLDT habe KANT rühmlich anerkannt, völlig berechtigt war. Das Folgende wird uns
indessen eines andern belehren, und REUSCHLE sowohl
wie KEHRBACH sind in dieser Beziehung in dem allgemeinen Irrtume befangen. Damit soll nun nicht
lächelnd ein Triumph über beide gefeiert werden, nein
gewiss nicht, sondern beider treffliche Interpretationen
KANTS sollen durch diesen der Allgemeinheit ent-
nommenen Irrtum nicht erschüttert werden. Vier
Stellen nennt KEHRBACH, wo KANT von v. HUMBOLDT
im Kosmos erwähnt wird. Es sind aber nicht vier,
sondern im ganzen fast dreissig Stellen, und diese
dürften doch alle zu berücksichtigen sein, wenn ein
endgiltiges Urteil gefällt werden soll. Dieser Arbeit

---

1) REUSCHLE, »KANT und die Naturwissenschaft« (Deutsche
Vierteljahrsschrift, 31. Jahrg. 2. Heft 1868) S. 50.

2) KANT, »Allgemeine Naturgeschichte und Theorie des Himmels«.
KEHRBACH, Vorrede S. II.

wurde also der gesamte Kosmos zu Grunde
gelegt und sämtliche Stellen des Kosmos,
welche auf KANT Bezug haben. Da diese Citate
ferner fast durchweg auf KANTS »Allgemeine Naturgeschichte des Himmels Bezug nehmen, so dürfte es
notwendig sein, um diese Citate aus dem Kosmos richtig
zu würdigen, im folgenden zunächst dies KANTische
Werk zu betrachten.

I.

Kants „Allgemeine Naturgeschichte und Theorie des Himmels".

Eine irrtümliche Anschauung von v. HUM-
BOLDTS Beurteilung unseres grossen Königsberger
Philosophen ist nun allerdings sehr leicht möglich, da
der Weg, hier zu einem unparteiischen Resultat zu
gelangen, recht schwer und mühsam ist. Der Grund
hierfür ist, dass KANT mit seiner ·Naturgeschichte des
Himmels durchaus nicht allein den Philosophen,
sondern auch den Astronomen zur Beurteilung for-
dert. Der Philosoph ist nun aber fast niemals ein
Astronom, und der Astronom fast niemals ein Philosoph. Beide schliessen sich fast stets aus. KANT in
seiner Universalität bildet eine glänzende Ausnahme
von dieser Regel. Dazu kommt, dass einem mit
KANTS Schreib- und Denkweise nicht innig Vertrauten
dasjenige, was KANT meint, dunkel bleiben muss. Un-
eingeweihten erscheinen deshalb KANTische Gedanken

dunkel und unverständlich[1], und gerade bezügiich
seiner Allgemeinen Naturgeschichte des Himmels
wird ja nicht allein von Astronomen die Bemerkung
gemacht. das KANTS unklarer Stil und damit
die Gedanken oftmals gar nicht verständlich seien.
Das Nichtverstehen liegt nun allerdings nur an der
Unerfahrenheit des Lesenden mit KANTS Ausdrucks-
weise. Hier aber haben wir nunmehr den
Schlüssel. und gerade die Thatsache. dass der
Philosoph kein Astronom und der Astronom
kein Philosoph ist. diese bekannte Erschei-
nung war die Quelle zahlreicher Missver-
ständnisse und Irrtümer. die V. HUMBOLDT aus
KANT herauslas, und zugleich die Ursache
dafür. weshalb der Schleier so lange unge-
lüftet über demjenigen geblieben ist. was

---

1) Vorzüglich ist was KUNO FISCHER über KANTS Stil sagt. Es
heisst: Und ganz dieser pünktlich gerechten Denkweise gemäss war
seine Schreibart niemals fliessend, stets gründlich und diskret, was
bei LESSING der Fall nie war. oft schwerfällig. Um völlig gerecht zu
sein, musste alles zur Sache Gehörige auch ausgedrückt werden. So
wurde die Last eines Satzes oft gross. manches musste in Parenthesen
verpackt werden. um noch in dem einen Satze mit fortzukommen.
Solche KANTische Perioden schreiten schwerfällig einher wie Lastwagen,
sie müssen gelesen und wieder gelesen werden. die eingewickelten Sätze
müssen auseinandergenommen. mit einem Worte. die ganze Periode
muss förmlich ausgepackt werden. wenn man sie verstehen will. Diese
stilistische Schwerfälligkeit ist nicht eigentlich Unbeholfenheit. denn
KANT vermochte auch leicht und fliessend zu schreiben. wenn es der
Gegenstand erlaubte: es ist die Gründlichkeit und Wahrheitsliebe des
gewissenhaften Denkers. der in seinem Urteile nichts zurückhalten will.
was zu dessen Vollständigkeit gehört. — KUNO FISCHER. Geschichte
der neueren Philosophi. III. Bd. 1870. S. 105.

v. Humboldt über den naturwissenschaftlichen Kant wirklich gesagt hat. Ehe wir nun diese höchst interessante Thatsache im einzelnen belegen und verfolgen, ist es notwendig, die Stellung und Bedeutung von Kants »Allgemeiner Naturgeschichte des Himmels« zu würdigen. Kaum ganz ausreichend dürfte dasjenige sein, was der sonst so überaus verdienstvolle Kantherausgeber Karl Rosenkranz über dies Werk äussert. Es lautet: Die Allgemeine Naturgeschichte und Theorie des Himmels wurde als ein selbständiges Werk bei Joh. Friedr. Petersen, Königsberg und Leipzig 1755, 8. 200 Seiten, ohne Vorrede und Einleitung von Kant anonym herausgegeben. Inzwischen wird der Wert, den Kant dieser Schrift selbst in der Stellung seiner damaligen Studien beilegte, genügend von ihm durch die Dedikation an den König Friedrich den Grossen herausgestellt. Bei seinem bescheidenen Zurücktreten im öffentlichen Leben würde Kant damals diese Dedikation nicht gewagt haben, wenn er durch diese selbständige Forschung sich nicht würdig empfehlen zu können geglaubt hätte. Diese Schrift ist ausserdem in der Sammlung bei Voigt Bd. I S. 295—494 und bei Tieftrunk Bd. I S. 283 bis 520 abgedruckt. Eine spätere Ausgabe, Frankfurt und Leipzig (Webel in Zeitz) 1808, gr. 8, angeblich mit des Verfassers Berichtigungen, ist nichts weiter als ein einfacher Nachdruck«[1]).

Was zunächst die Thatsache betrifft, dass Kant die »Allgemeine Naturgeschichte des Himmels« anonym herausgab, so folgt diese aus Kants eigenen Worten.

---

1) Kant, Rosenkranz Bd. VI S. VII und VIII.

KANT selbst sagt diesbezüglich in seiner Vorrede zum
»Beweisgrund des Daseins Gottes« folgendes:

»Die siebente Betrachtung der zweiten Abteilung bedarf desfalls etwas mehr Nachsicht, vornehm-
lich da ihr Inhalt aus einem Buche, welches ich ehedem
ohne Nennung meines Namens herausgab« (hier
folgt eine Anmerkung KANTS) gezogen worden.«
Die Anmerkung KANTs, auf welche wir später noch
einmal zurückkommen müssen, lautet im Anfange:
»Der Titel desselben ist: Allgemeine Naturgeschichte und Theorie des Himmels. Königsberg
und Leipzig 1755 u. s. w.[1])

»Was sodann KANTS Widmung dieses Werkes
an FRIEDRICH DEN GROSSEN betrifft, so muss dieselbe
überraschen. KANT pflegte nämlich niemals Widmungen
zu machen. Er hat sich über seine Abneigung hier-
gegen auch unverhohlen ausgesprochen.[2])

Seine »Schätzung der lebendigen Kräfte«
wurde lediglich deshalb dem Herrn DR. BOHLIUS
gewidmet, um diesem Herrn seine Erkenntlichkeit zu
beweisen, der in seiner Kindheit ihm und seinen Eltern
wohlgethan hatte«[3]).

Und die Widmung seiner »Naturgeschichte des
Himmels« geschah nur auf Anraten seiner »Freunde«[4])
und lediglich in der Absicht, damit unter Autorität
des Königs bei den Gelehrten in Berlin und anderen
Orten nähere Untersuchungen über sein System ver-
anlasst würden«[5]).

---

1) KANT, „Beweisgrund zu einer Demonstration des Daseins Gottes."
Vorrede. — v. KIRCHMANN 1870, S. 17.

2) cf. BOROWSKI und JACHMANN.

3) BOROWSKI S. 194. 4) Ebendaselbst S. 194. 5) Ebendaselbst S. 50.

Seltsamerweise ist dies Werk so wenig wie die
Zueignungsschrift je in die Hände des Königs gekommen[1]). Der Sachverhalt war folgender: »Der
Verleger des Werkes fallierte während des Ab-
druckes desselben; es kam nicht an den König, es kam
nicht einmal auf die Messe, weil das ganze Warenlager
des Verlegers PETERSEN gerichtlich versiegelt wurde«[2]).
Aus diesen Umständen erklärt es sich, warum das
Werk weder vor die Augen des grösseren Publikums,
noch des Königs FRIEDRICH II. gekommen ist[3]).
Die Angabe BOROWSKIS, dass dies Werk in den
Hamburgischen freien Urteilen rezensiert worden,
ist von KEHRBACH beanstandet, und zwar mit Recht,
wie es scheint. Zwar beruft sich KEHRBACH auf das
Jahr 1578 S. 405 und BOROWSKI auf das Jahr 1758
S. 405, doch scheint hier nur ein Druckfehler vorzu-
liegen und Verwechselung von Hunderte und Zehner,
und KEHRBACH hat thatsächlich den Band von 1758
in der Hand gehabt[4]). Im übrigen sind die Bemerkungen,
welche KEHRBACH giebt, gut und lehrreich, so weit
sie die grosse Bedeutung im allgemeinen würdigen,

---

1) Ebendaselbst S. 194. 2) Ebendaselbst S. 194. 3) Ebendaselbst S. 50.

4) Die Münchener Staatsbibliothek besitzt die „Freien Hamburger
Urteile" allerdings, doch fehlt in dem Jahrgange 1758 S. 400—413,
also die von BOROWSKI angezogene S. 405. - 1578 kann KEHRBACH
unter keinen Umständen in Händen gehabt haben, da die Zeitschrift
erst 1744 gegründet wurde und ein Bezug mit dem Jahrgang 1578
auf KANT ja auch ganz unmöglich ist. Auch die Jahrgänge 1756, 1757,
1759 enthalten keine Rezensionen; doch ist hiermit nicht ausgeschlossen,
dass KEHRBACH dennoch Recht hat, obwohl die von KEHRBACH ge-
nannte Zahl 1578 unter allen Umständen verkehrt ist.

welche das KANTische System besitzt. Kritische Einzelheiten, welche den Inhalt des KANTischen Werkes
betreffen, bringt auch KEHRBACH nicht, etwa eine
Vergleichung zwischen NEWTON oder LAPLACE und
KANT. Auch finden sich keine Bemerkungen darüber,
welchen Standpunkt die moderne Astronomie der
KANT-LAPLACEschen Theorie gegenüber einnimmt,
oder inwiefern KANT und LAPLACE einen Vergleich
beanspruchen. KEHRBACH bemerkt zunächst zu dieser
Schrift: »KANT hat an drei verschiedenen Stellen
seinen kosmogonischen Hypothesen Ausdruck verliehen:

1. In seiner »Allgemeinen Naturgeschichte und
Theorie des Himmels (1755).

2. In der Schrift: Der einzig mögliche Beweisgrund zu einer Demonstration des Daseins Gottes
(1763), in welcher er die siebente Betrachtung der
zweiten Abteilung der Darstellung seiner »Kosmogonie« widmet, die als ein Auszug aus der Allgemeinen Naturgeschichte und Theorie des Himmels
aufzufassen ist.

3. In der Nachschrift zu dem von GENSICHEN auf
KANTS Wunsch gemachten Auszug 1791 . . . . .«[1]).

Hier hat KEHRBACH zwei Schriften vergessen zu
nennen, nämlich erstlich die Schrift KANTS, welche
von der Königlichen Akademie der Wissenschaften
seiner Zeit zum Preise ausgeschrieben wurde, und
welche lautet: »Ob die Erde in ihrer Umdrehung um
die Achse, wodurch sie die Abwechselung von Tag
und Nacht hervorbringt, eine Veränderung seit den

[1) KANT, Allgemeine Naturgeschichte und Theorie das Himmels.
Ausgabe KEHRBACH, Vorrede S. III.

ersten Zeiten ihres Ursprunges erlitten habe« (1754).
Die Stelle, an welcher KANT seinen kosmogonischen
Ideen in diesem Werke Ausdruck verleiht, lautet: »Ich
habe diesem Vorwurfe eine lange Reihe von Betrachtungen gewidmet und sie in einem System ver-
bunden welches unter dem Titel: Kosmogonie oder
Versuch, den Ursprung des Weltgebäudes, die Bildung
der Himmelskörper und die Ursachen ihrer Bewegung
aus den allgemeinen Bewegungsgesetzen der Materie
der Theorie des NEWTON gemäss herzuleiten, in kurzem
öffentlich erscheinen wird«[1]).

Auch an anderen Stellen, so den diesen Worten
unmittelbar vorhergehenden Erörterungen, weist KANT
in dieser Schrift auf seine kosmogonischen Ideen hin.
Den Titel derselben, wie er ihn hier angiebt, änderte
er später in: »Allgemeine Naturgeschichte und Theorie
des Himmels um. Die zweite Schrift, welche
KEHRBACH nicht angeführt hat, ist die im gleichen
Jahre, nämlich 1754 erschienene: Ob die Erde
veralte. Da diese Schrift des Jahres 1754 später
als die erstgenannte fiel, so ist sie ohne kosmogonische
Grundlage gar nicht denkbar, die KANT an zahlreichen
Stellen hier, wenn auch indirekt, berührt[2]),

Das oben erwähnte seltsame Schicksal der »Allgemeinen Naturgeschichte und Theorie des Himmels«
hatte eben dadurch, dass diese Schrift gar nicht auf
den Büchermarkt kam, für KANT die verhängnisvolle
Folge, dass LAMBERT, welcher sechs Jahre später,
gleichfalls durch NEWTONS Theorie bewogen, seine

---

1) KANT, ROSENKRANZ, Bd. VI S. 11 und 12.
2) cf. KANT, ROSENKRANZ, Bd. VI S. 20, 21, 22, 34.

»Kosmologischen Briefe über die Einrichtung des
Weltbaus« herausgab, hierin fast ganz dieselben Grundgedanken wie KANT äusserte. Freilich ist KANTS
Edelmut und rein wissenschaftliches Streben weit davon entfernt, dies zu bedauern; bezüglich der »Kosmologischen Briefe« äussert sich Kant vielmehr in der
schon erwähnten Anmerkung des »Beweisgrundes des
Daseins Gottes« folgendermassen: Die Allgemeine
Naturgeschichte und Theorie des Himmels . . . . die
wenig bekannt geworden, muss unter andern auch
nicht zur Kenntnis des berühmten Herrn J. H. LAMBERT
gelangt sein, der sechs Jahre hernach in seinen
»Kosmologischen Briefen« 1761 eben dieselbe
Theorie von der sytematischen Verfassung des Weltbaues
im Grossen, der Milchstrasse, den Nebensternen u. s. f.
vorgetragen hat, die man in meiner gedachten Theorie
des Himmels im ersten Teil, imgleichen in der Vorrede daselbst antrifft, und wovon etwas in einem kurzen
Abrisse S. 154—158[1]) des gegenwärtigen Werkes an-
gezeigt wird. Die Übereinstimmung der Gedanken
dieses sinnreichen Mannes mit denen, die ich damals
vortrug, welche fast bis auf die kleineren Züge unter
einander übereinkommen, vergrössert meine Vermutung,
dass dieser Entwurf in der Folge mehrere Bestätigung

---

1) S. 154—158 der 1763 zuerst erschienenen Ausgabe, welche
in Königsberg bei KANTERN. 205 S. in Oktav erschienen war. Wo-
rauf KANT hier hinweist, das ist die: Siebente Betrachtung«
seines »Beweisgrundes zu einer Demonstration des Daseins Gottes«.
Diese siebente Betrachtung war Kosmogonie überschrieben. In der
von KIRCHMANNschen Ausgabe reicht sie von Seite 97 114.
(Berlin, 1870.)

erhalten werde«[1]). - KANTS Annahme, dass LAMBERT nichts von seiner Allgemeinen Naturgeschichte gewusst habe, bestätigte sich zwei Jahre später, als KANT und LAMBERT in einen brieflichen Verkehr traten. Offenbar hatte KANT, welchem die seltsame Übereinstimmung ihrer beider Idee keine Ruhe liess, an LAMBERT geschrieben. KANTS Brief ist offenbar verloren gegangen, denn LAMBERT schrieb unter detaillierter Schilderung der näheren Umstände an KANT und offenbar als Antwort auf eine Frage: »Ich kann Ihnen, mein Herr, zuversichtlich sagen, dass mir Ihre Gedanken über den Weltbau noch dermalen nicht vorgekommen. Den Anlass zu den Kosmologischen Briefen, so wie ich ihn S. 149 erzähle, hatte ich Anno 1749, da ich gleich nach dem Nachtessen, und zwar wider meine damalige Gewohnheit, von der Gesellschaft weg, in ein Zimmer ging. Ich schrieb ihn auf ein Quartblatt und hatte Anno 1760, da ich die kosmologischen Briefe schrieb, noch weiter nichts dazu vorrätig[2]). Und KANT antwortet: Es ist mir kein geringes Vergnügen, von Ihnen die glückliche Übereinstimmung unserer Methode bemerkt zu sehen, die ich mehrmalen in Ihren Schriften wahrnahm, und welche dazu gedient hat, mein Zutrauen in dieselbe zu vergrössern, als eine logische Probe gleichsam, welche zeigt, dass diese Gedanken an dem Probierstein der allgemeinen menschlichen Vernunft den Strich halten«[3]).

---

1) KANT, »Beweisgrund zu einer Demonstration u. s. w.« Anmerkung der Vorrede — (v. KIRCHMANN) S. 17.

2) KANTS und LAMBERTS philos. Briefe (ROSENKRANZ). Bd. I. S. 346 — LAMBERT an KANT, Berlin, Nov. 1765.

3) Ebendaselbst S. 349. KANT an LAMBERT. Königsberg, 31. Dez. 1765.

Diese Mutmassung Kants sollte noch eine weit glänzendere Bestätigung erfahren, denn 30 Jahre später folgerte der grosse Astronom Herschel genau in der Kantischen Weise. Kehrbach bemerkt des weiteren in dieser Beziehung: Aber auch hinsichtlich des eigentlichen Vorwurfs seiner Abhandlung, die Verfassung des Weltbaues aus dem einfachsten Zustande der Natur bloss durch mechanische Gesetze zu entwickeln, sollte Kant in der Folge mehrere Bestätigung und zwar durch keinen Geringeren als durch den französischen Astronomen Laplace erhalten. Am Schlusse seiner Exposition du système du monde (1796) giebt Laplace eine Kosmogonie, die in wesentlichen Punkten mit der Kantischen übereinstimmt. Diese Kosmogonie machte viel Aufsehen und wurde, da der Name Kant in der Darstellung des Laplace nicht vorkam (wahrscheinlich hat Laplace von den Kantischen kosmogonischen Schriften gar nichts gewusst) und auch andere nicht auf die Priorität Kants hinwiesen, die Laplacesche Theorie genannt. Die Theorie ist sogar noch die »Laplacesche Theorie« genannt worden, als man bereits von ihrer Ähnlichkeit mit der von Kant viel früher aufgestellten Kosmogonie wusste«[1]. Wir werden im folgenden Gelegenheit haben, auf die Ähnlichkeit zwischen Kant und Laplace zurückzukommen. Ausgezeichnet ist der Rest der Kehrbachschen Bemerkungen, in welchen Arago, Struve, Littrow Schopenhauer, Helmholtz, Zöllner und ihre Gedanken über Kants »Allgemeine Naturgeschichte« kurz mitgeteilt werden. Freilich ist hier eben auch die Stelle

---

1) Kant, »Allgem. Naturgeschichte. Kehrbach, Vorrede S. VI,.

enthalten, wo v. HUMBOLDT nach KEHRBACHS Ansicht sich im hohem Grade über KANT anerkennend
und lobend ausgesprochen hat; doch ehe wir im
folgenden kritisch zu Einzelheiten des KANTischen
Werkes auf Grund der Stellen im Kosmos gelangen,
dürfte es wohl notwendig sein, sich im kurzen den
Inhalt des KANTischen Werkes zu vergegenwärtigen,
und um hier diesen ohne alle rezensorische Nebenab-
sicht wiederzugeben, lassen wir KANT selbst reden.
Nach der Dedikation lässt KANT eine Vorrede folgen
und sodann einen Inhalt des ganzen Werkes, welcher
lautet:

Erster Teil.

Abriss einer allgemeinen systematischen Verfassung unter den Fixsternen, aus den Phänomenis
der Milchstrasse hergeleitet. Ähnlichkeit dieses Fix-
sternsystems mit dem System der Planeten. Entdeckung
vieler solcher Systeme, die sich in der Weite des
Himmels in Gestalt elliptischer Figuren zeigen. Neuer
Begriff von der systematischen Verfassung der ganzen
Schöpfung. Beschluss: Wahrscheinliche Vermutung
mehrerer Planeten über dem Saturn aus dem Gesetze,
nach welchem die Excentricität der Planeten mit den
Entfernungen zunimmt.

Zweiter Teil.

Erstes Hauptstück.

Gründe für die Lehrverfassung eines mechanischen
Ursprungs der Welt. Gegengründe. Einziger Begriff
unter allen möglichen, beiden genug zu thun. Erster
Zustand der Natur. Zerstreuung der Elemente aller

Materie durch den ganzen Weltraum. Erste Regung durch Anziehung. Anfang der Bildung eines Körpers in dem Punkte der stärksten Attraktion. Allgemeine Senkung der Elemente gegen diesen Zentralkörper. Zurückstossungskraft der feinsten Teile, darin die Materie aufgelöst worden. Veränderte Richtung der sinkenden Bewegung durch die Verbindung dieser Kraft mit der ersten. Einförmige Richtung aller dieser Bewegungen nach eben derselben Gegend. Bestrebung aller Partikel, sich zu einer gemeinschaftlichen Fläche zu drängen und daselbst zu häufen. Mässigung der Geschwindigkeit ihrer Bewegung zu einem Gleichgewichte mit der Schwere des Abstandes ihres Orts. Freier Umlauf aller Teilchen um den Zentralkörper in Zirkelkreisen. Bildung der Planeten aus diesen bewegten Elementen. Freie Bewegung der daraus zusammengesetzten Planeten in gleicher Richtung im gemeinschaftlichen Plane, nahe beim Mittelpunkte bei nahe in Zirkelkreisen, und weiter von demselben mit zunehmenden Graden der Excentricität.

Zweites Hauptstück.

Handelt von der verschiedenen Dichtigkeit der Planeten und dem Verhältnisse ihrer Massen. Ursache, woher die nahen Planeten dichterer Art sind als die entfernteren. Unzulänglichkeit der Erklärung des NEWTON. Woher der Zentralkörper leichterer Art ist als die zunächst um ihn laufenden Kugeln. Verhältnis der Massen der Planeten nach der Proportion der Entfernungen. Ursache aus der Art der Erzeugung, woher der Zentralkörper die grösste Masse hat

Ausrechnung der Dünnigkeit. in welcher alle Elemente der Weltmaterie zerstreut gewesen. Wahrscheinlichkeit und Notwendigkeit dieser Verdünnung. Wichtiger Beweis der Art der Erzeugung der Himmelskörper aus einer merkwürdigen Analogie des Herrn DE BUFFON. —

Drittes Hauptstück[1].

Von der Excentricität der Planetenkreise und dem Ursprunge der Kometen.

Viertes Hauptstück.

Von dem Ursprunge der Monde und den Bewegungen der Planeten um die Achse.

Fünftes Hauptstück.

Von dem Ursprunge des Saturnusringes und der Berechnung seiner täglichen Umdrehung aus den Verhältnissen desselben.

Sechstes Hauptstück.
Von dem Zodiakal-Lichte.

Siebentes Hauptstück.

Von der Schöpfung im ganzen Umfange, ihrer Unendlichkeit, sowohl dem Raume als der Zeit nach.

Zugabe zum siebenten Hauptstück: Allgemeine Theorie und Geschichte der Sonne überhaupt.

Achtes Hauptstück.

Allgemeiner Beweis von der Richtigkeit einer mechanischen Lehrverfassung der Einrichtung des Welt-

---

[1] Im folgenden ist nur der Kernpunkt des jeweiligen Inhalts genannt worden, da wir zu den Einzelheiten noch gelangen und zwar unter Bezugnahme auf den Text selbst.

baus überhaupt, insonderheit von der Gewissheit der gegenwärtigen.

Dritter Teil.

Enthält eine Vergleichung zwischen den Einwohnern der Gestirne. — Beschluss. —

Wir gelangen nunmehr zu Einzelheiten des KANT-ischen Werkes und zwar auf Grund der Stellen im Kosmos von ALEXANDER VON HUMBOLDT. Beziehen sich diese auch nicht alle auf die Allgemeine Naturgeschichte so doch die meisten. Unter allen Umständen aber dürfte es notwendig sein, alle Stellen zu berücksichtigen, wo KANT von V. HUMBOLDT erwähnt wird, da nur eine Berücksichtigung aller Stellen zu einem richtigen Resultat führen kann. Diese 27 Stellen sind:

Kosmos:

Band III. Seite		Band III. Seite	
Band III. Seite	23 (17)[1]	Band III. Seite	545
»	32		519
	34	»	551
	187	»	552
	213	»	557
	287 (283)		558
»	292		575
	313	Band I.	74
»	318		90
»	319 (320)		217
	356	Band V.	7
»	510	Band I.	59

1) S. 17 wird KANT nur indirekt erwähnt, indem auf die Ähnlichkeit seiner »dynamischen Naturlehre« mit der Naturphilosophie des TELESIO, eines Zeitgenossen des COPERNICUS, aufmerksam gemacht wird.

Hierbei wurde der gesamte Kosmos berücksichtigt. In der durch die Seitenzahl gegebenen Reihenfolge wird nun der Text des Kosmos im folgenden angeführt und besprochen werden. Da der mit den einzelnen Teilen verbundene Text fast stets schwerwiegende Meinungen KANTS berührt, so ist es möglich, mit den einzelnen Seitenzahlen fast stets den KANTischen Grundgedanken als Überschrift namhaft zu machen, eine Thatsache, welche um so willkommener geheissen wird, als der behandelte Stoff durch Überschriften eine Klarheit und Übersichtlichkeit erhält, welche kaum auf anderm Wege erreicht werden könnte.

II.

Kants Gedanken über Gravitation und Dynamik.

Kosmos Band III. S. 23 lautet: »Zu derselben Zeit aber, in der NEWTON schon erkannt hatte, dass alle Bewegungen der Weltkörper Folgen einer und derselben Kraft seien, hielt er die Gravitation selbst nicht, wie KANT, für eine Grundkraft der Materie, sondern entweder für abgeleitet von einer, ihm noch unbekannten, höheren Kraft, oder für Folge eines »Umschwunges des Äthers, welcher den Weltraum erfüllt und in den Zwischenräumen der Massenteilchen dünner ist, nach aussen aber an Dichtigkeit zunimmt«[1]).

KANT meint, wie man sieht, die Gravitation sei Grundkraft der Materie, NEWTON hält die Gravitation

---

1) Kosmos Bd. III. S. 23.

abgeleitet von einer höheren Kraft, oder für Folge des
Umschwunges des Äthers. NEWTON hielt indessen
gleichfalls, wenn auch nur vorübergehend, die Gravitation für eine Grundkraft der Materie. v. HUMBOLDT
selbst sagt: »Acht Jahre später, wie man aus einem
Schreiben von HALLEY ersieht, gab NEWTON diese
Hypothese des dünneren und dichteren Äthers gänzlich
auf, um später nämlich 1717, neun Jahre vor seinem
Tode . . . . zu erklären, dass er die Gravitation keineswegs für eine Grundkraft der Materie (essential
property of bodies) halte [1). — NEWTON hatte sie
also inzwischen für Grundkraft thatsächlich gehalten.
Mit seiner endgiltigen Erklärung steht indessen NEW-
TON zum Teil mit sich selbst im Widerspruch, wie auch
v. HUMBOLDT findet, wenn er zu NEWTONS end-
giltiger Erklärung bemerkt: Die Erklärung, not to
take gravity for an essential property of bodies[2).
welche NEWTON im Second Advertisement (d. h. in
der zweiten Nachricht) giebt, kontrastiert mit den
Attraktions- und Repulsionskräften, welche er allen
Massenteilchen (molécules) zuschreibt, um nach der
Emissions-Theorie die Phänomene der Brechung und
Zurückwerfung der Lichtstrahlen von spiegelnden
Flächen vor der wirklichen Berührung zu erklären .
(NEWTON, Optics, Book II. Prop. 8. p. 241)[3).

Damit soll nun keineswegs irgend ein Tadel gegen
NEWTON ausgesprochen werden. Das weiss auch ein
jeder, welcher die ungeheuere Bedeutung von NEWTON

---

1) Kosmos Bd. III. S. 23.

2) Zu Deutsch: Die Gravitation nicht für einen wesentlichen Be-
standteil der Körper zu halten . — Anm. d. Verf.

3) Kosmos, Bd. III. S. 34.

nur einigermassen kennt. War es doch die Aufgabe
eines ganzen Jahrhunderts, die Lehren NEWTONS weiter
auszubauen. Dass aber unserem irdischen Fassungs-
vermögen etwas als notwendig und unentbehrlich erscheinen kann, ohne dass wir die Ursache dieser
Notwendigkeit anzugeben vermögen, wird niemand in
Abrede stellen. Ebenso ist es mit der Gravitation.
Wir müssen ihre Notwendigkeit zugeben, ohne sie erklären zu können. Unter vollster Würdigung NEW-
TONS bemerkt deshalb schon ein moderner Astronom
folgendes und zwar mit Recht: »Zunächst ist nicht zu
leugnen, dass die NEWTONschen unvermittelt in die
Ferne wirkenden Anziehungskräfte eine Unbegreiflich-
keit enthalten, mit der sich der menschliche Geist
keineswegs so ohne weiteres abzufinden vermag. NEW-
TON selbst sagte: ‚Es ist unbegreiflich, wie unbe-
seelter roher Stoff, ohne irgend eine sonstige Ver-
mittelung, welche nicht materiell ist, auf einen andern
Gegenstand ohne wechselseitige Berührung wirken
könne, was der Fall sein müsste, wenn die Gravitation
im Sinne EPICURS zum Wesen der Materie gehörte
und ihr inhärent wäre‘ [1]. Auch der Stand der modernen Wissenschaft hat hier noch nichts Bestimmtes
gewonnen, sondern nur zu neuem Forschen aufgefor-
dert. Es dürfte aber kaum zweifelhaft erscheinen, dass
NEWTON mit seinem Glauben an die Attraktions- und
Repulsionskräfte auf dem Boden der KANTischen Anschauung steht, d. h. diese anticipiert hat. Freilich
bekämpft v. HUMBOLDT gerade die Dynamik KANTS,

1) H. SEELIGER, Über Allgemeine Probleme der Mechanik des
Himmels«. (Verlag der Königl. Akademie in München.) S. 5.

aber mit welchem Recht? Er entdeckt den Widerspruch, in welchen NEWTON mit sich selbst gerät, und zwar auf Grund einer geahnten dynamischen Erklärung, aber statt sich von der Atomistik loszusagen, bekämpt er die KANTischen Ideen und KANTS Ansicht über die Materie. Und doch lassen sich KANTS Ansichten über die Materie in schönsten Einklang mit seiner Anschauung über die Gravitation bringen. Bei NEWTON und v. HUMBOLDT ist ein unerklärter Rest, bei KANT kein Rest — cum grano salis. Es ist bekannt, dass KANT durch seine Dynamik die Atomistik völlig stürzte, und KANTS Dynamik steht im herrlichen Einklange mit der modernen Physik, wie wir sehen werden. v. HUMBOLDT aber konnte sich nicht von der Atomistik trennen; er erkennt KANTS Dynamik ausdrücklich nicht an, und anstatt in der KANTischen Anschauung einen gewaltigen Fortschritt und eine Erklärung für die Gravitation zu suchen, weist er beides mit folgendem auf's entschiedenste zurück, nicht zu seinem Recht und eigenem Vorteil, wie der Stand der modernen Physik heute in stillschweigendem Richteramte entschieden hat. Seine Abweisung von KANTS Dynamik lautet: Nach KANT, „Metaphysische Anfangsgründe der Naturwissenschaft" kann die Existenz der Materie nicht gedacht werden ohne die Kräfte der Anziehung und Abstossung. Alle physischen Erscheinungen sind deshalb nach ihm wie nach dem früheren GOODWIN-KNIGHT . . . auf den Konflikt der zwei Grundkräfte zurückzuführen. In den atomistischen Systemen, die KANTS dynamischen Ansichten diametral entgegengesetzt sind, wurde nach einer Annahme, welche besonders durch LAVOISIER sich weit verbreitete, die Anziehungskraft den diskreten, starren Grundkörperchen (molécules), aus denen alle Körper bestehen sollen, die Abstossungskraft aber den Wärmestoff-Atmosphären, welche die Grundkörperchen umgeben, zugeschrieben. In dieser Hypothese, welche den sogenannten Wärmestoff als eine stetig ausgedehnte Materie betrachtet, werden demnach zweierlei Materien, d. i. zweierlei Elementarstoffe, wie in der Mythe von zwei Äther-Arten (NEWTON, Opt. Query 28 p. 339), angenommen. Man fragt dann, was wiederum jene Wärme-Materie ausdehnt? Betrachtungen über die Dichtigkeit der molécules im Vergleich mit der Dichtigkeit ihrer Aggregate (der ganzen Körper) leiten nach atomistischen Hypothesen zu dem Resultate, dass der Abstand der Grundkörperchen von einander weit grösser als ihr Durchmesser ist[1]). Es ist nun höchst interessant zu sehen, wie v. HUMBOLDT die Wahrheit der KANTischen Dynamik empfand, ohne sich zu Beifall entschliessen zu können. Mit Recht scheint ihm die Wärmestoff-Theorie unhaltbar, mit Recht wird er durch die zweierlei Elementarstoffe der Atomistik zu zweierlei Ätherarten und so direkt zu NEWTONS dünnerem und dichterem Äther geführt, mit Recht zieht er zum Vergleich die Mythe herbei, und doch fehlt der hier so notwendige logische Schluss zu Gunsten von KANTS Dynamik. Und gerade dieser Schluss konnte KANT vollständig rechtfertigen; denn KANTS Gravitation war nichts weiter als die attraktive Grundkraft der

---

1) Kosmos Bd. III S. 34.

Massen. Welches sind die Fundamentalsätze von
KANTS Dynamik, deren Repulsions- und Attraktions-
kräfte er schon vorahnend in seiner »Allgemeinen
Naturgeschichte des Himmels verwendete? Sie sind:
»Die Materie erfüllt einen Raum nicht durch ihre
blosse Existenz, sondern durch eine besondere be-
wegliche Kraft[1]«. »Die Materie erfüllt ihre Räume
durch repulsive Kräfte aller ihre Teile d. i. durch
eine ihr eigene Ausdehnungskraft[2]), die einen be-
stimmten Grad hat, über den kleinere oder grössere
ins Unendliche können gedacht werden. Die Möglichkeit der Materie erfordert eine Anziehungskraft als die zweite wesentliche Grundkraft derselben[3]«.
— Wie man sieht, wäre alle Schwierigkeit gehoben
gewesen, wenn v. HUMBOLDT sich zur Dynamik KANTS
zu entschliessen im stande gewesen wäre, und es ist
auf jeden Fall zu bedauern, dass er diesen logischen
Schluss nicht wagen wollte oder konnte. Die moderne
Naturwissenschaft hat ja mit der Atomistik als
antiquiert völlig gebrochen. Mit Recht bemerkt Professor
Dr. REUSCHLE, der vorzügliche KANTinterpret des
naturwissenschaftlichen KANT, zu KANTS Metaphysischen Anfangsgründen der Naturwissenschaft« und
zu der hierin entwickelten Dynamik folgendes: »Im
übrigen scheint uns die Physik, und zwar gerade in
ihrer neueren, durch den Umsatz der Kräfte
herbeigeführen Wendung in keinem Wider-

---

1) KANT. ·Metaphys. Anfangsgründe der Naturwissenschaft.
ROSENKRANZ Bd. V. S. 343.

2) Ebendaselbst S. 346.

3) Ebendaselbst S. 358.

spruch mit KANTS Dynamik zu stehen. Der Grund-
gedanke der letzteren ist doch wohl der, dass die zusammengesetzten materiellen Gebilde, die uns als Körper
und Stoffe umgeben, Resultate von Kräften sind,
welche der Materie ursprünglich zukommen und die
Beziehungen und Bewegungen ihrer Teile bis zu den
kleinsten begründen, wonach wir bald Krystalle, bald
Flüssigkeiten, bald Gase u. s. w. vor uns haben . . .
Wenn KANT von zwei Grundkräften spricht, auf
welchen die Möglichkeit der Materie beruhe, so muss
man eigentlich sagen zwei Klassen von Grundkräften, zurückstossender oder expannierender, und
anziehender oder kontrahierender Kräfte, deren jede
wieder mehrere Arten enthalten kann, und deren besondere Modifikationen in jedem besonderen Fall besonders zu untersuchen sind[4].

Hier könnte man vielleicht bezüglich KANTS und
v. HUMBOLDTS einwenden, dass gar kein Tadel gegen
KANT ausgesprochen sei. Dies ist richtig. Aber
v. HUMBOLDT, wenn er auch die Atomistik tadelt, tritt
doch nicht offen auf seiten KANTS. Und in dieser
Unterlassung liegt, wenn auch kein Tadel, so doch
eine Indifferenz. Will man aber vollends in dieser Unterlassung eine stillschweigende Anerkennung
KANTS erblicken, so sei auch dies zugestanden. Ge-
schieht dies Zugeständnis doch in der Überzeugung, dass
der Leser, wenn er am Ende unserer Arbeit ange-

---

4) REUSCHLE, KANT und die Naturwissenschaft, mit besonderer
Rücksicht auf neuere Forschungen. (Deutsche Vierteljahrschrift 1868,
31. Jahrgang S. 59 und 60.)

langt ist, wo das Ganze überblickt werden kann, kaum noch dies Zugeständnis beanspruchen dürfte.

Der Leser braucht indessen gar nicht bis zum Ende dieser Schrift zu lesen, um zu erkennen, dass v. HUMBOLDT, wie in vielen anderen, so auch gegen KANTS Dynamik sich ablehnend verhielt. v. HUMBOLDT hat sich an zwei weiteren Stellen über KANTS Metaphysische Anfangsgründe der Naturwissenschaft ausgesprochen, von denen die eine Stelle[1] unumstösslich beweist, dass v. HUMBOLDT den naturphilosophischen Bestrebungen KANTS, welche von den rein philosophischen ja unterschieden sind, durchaus ablehnend gegenübersteht. Diese hochbedeutsame Stelle lautet:

"Wenn ich die Unbestimmtheit und Schwierigkeit der Aufgabe einer theoretischen Naturphilosophie lebhaft geschildert habe, so bin ich doch weit entfernt, von dem Versuche des einstmaligen Gelingens in diesem edlen und wichtigen Teile der Gedankenwelt abzuraten. Die »Metaphysischen Anfangsgründe der Naturwissenschaft« des unsterblichen Philosophen von Königsberg gehören allerdings zu

---

1) Die andere Stelle, wo V. HUMBOLDT dieses KANTische Werk erwähnt, steht in Band I S. 74 und lautet: Über die schon von NEWTON angeregte Frage von dem Unterschiede der Massen-Anziehung und Molekular-Attraktion siehe LAPLACE in der Exposition du système du monde p. 384 und in dem Supplément au Livre X. de la Mécanique céleste pag. 3 und 4 KANT, Metaphysische Anfangsgründe der Naturwissenschaft, in Sämtlichen Werken Bd. V. S. 309. PECLET, Physique T. I. S. 59—63. — Diese Stelle bietet, wie man sieht, keinen Anhaltspunkt zu v. HUMBOLDTS Urteil über KANTS Metaphysische Anfangsgründe der Naturwissenschaft .

den merkwürdigsten Erzeugnissen dieses grossen
Geistes. Er schien seinen Plan selbst beschränken
zu wollen, als er in einem Vorworte äusserte, dass
metaphysische Naturwissenschaft nicht weiter lange,
als wo Mathematik mit metaphysischen Sätzen ver-
bunden werden könne. Ein mir lange befreundeter,
den KANTischen Ansichten leidenschaftlich zugethaner
Denker, JACOB FRIEDRICH FRIES[1]), glaubt am Schlusse
seiner Geschichte der Philosophie erklären zu müssen:
Dass von den bewunderungswürdigen Fortschritten,
welche die Naturlehre bis zum Jahre 1840 gemacht,
alles der Beobachtung und der Kunst der Geo-
metrie, der Kunst mathematischer Analysis an-
gehöre: die Naturphilosophie habe bei diesen Ent-
deckungen gar nichts gefördert.« — Möge ein Zeugnis
bisheriger Unfruchtbarkeit nicht alle Hoffnung für die
Zukunft vernichten! Denn es geziemt nicht dem freien
Geiste, jeden zugleich auf Induktion und Analogien
gegründeten philosophischen Versuch[2]), tiefer in
die Verkettung der Naturerscheinungen einzudringen,
als bloss bodenlose Hypothese zu verwerfen und unter
den edlen Anlagen, mit welchen die Natur den Menschen
ausgestattet hat, bald die nach dem Causalzusammen-
hang grübelnde Vernunft, bald die regsame, zu allem
Entdecken und Schaffen notwendige und anregende

---

1) Es ist dies der bekannte FRIES, der bedeutendste Schüler KANTS,
welcher am 23. August 1773 zu Jena geboren wurde und sich einen
Namen dadurch gemacht hat, den Kritizismus KANTS völlig in
seines Lehrers Sinne weiterzuführen. — Anm. d. Verf.

2) Wie nämlich KANTS »Metaphysische Anfangsgründe« Anm.
d. Verf.

Einbildungskraft zu verdammen«[1]). Und die sich hieran unmittelbar anschliessende Anmerkung lautet:

»Der Philosoph, welcher die Möglichkeit einer Naturphilosophie oder spekulativen Physik glaubte erwiesen zu haben (SCHELLINGS Sämtliche Werke, Abt. I. Bd. III. S. 274), gesteht selbst (S. 105): ,dass die Kraft, die in der ganzen Natur waltet, und durch welche die Natur in ihrer Identität erhalten wird, bisher noch nicht aufgefunden (abgeleitet) worden ist. Wir sehen uns aber zu derselben hingetrieben; doch bleibt diese·eine Kraft immer nur eine Hypothese, und sie kann unendlich vieler Modifikationen fähig und so verschieden sein, als die Bedingungen, unter denen sie wirkt'. — Materien, mit unveränderlichen Kräften (unvertilgbaren Qualitäten nach unsern jetzigen Mitteln) ausgerüstet, werden in unserer wissenschaftlichen Sprache chemische Elemente genannt. (HELMHOLTZ, Über Erhaltung der Kräfte, 1874, S. 4)[2]).

Diese Stellen sagen uns also, insbesondere die erste, dass VON HUMBOLDT KANTS Dynamik nicht anerkannte, denn v. HUMBOLDT spricht erstlich von dem einstmaligen Gelingen einer Naturphilosophie; KANTS »Metaphysische Anfangsgründe« bedeuten ihm also noch kein Gelingen. Um sein eigenes Urteil zu bekräftigen, führt v. HUMBOLDT zweitens die Ansicht eines leidenschaftlichen KANTianers an, nämlich FRIEDRICH FRIES, welcher zufolge seiner Verehrung und seines Verständnisses für KANT, gewiss in diesem KANTischen Werke ein Gelingen konstatiert hätte —

1) Kosmos Band V. S. 7 und 8.

2) Kosmos Band V. S. 21.

so meint V. HUMBOLDT — wenn es nur irgendwie
möglich gewesen wäre. Drittens nennt V. HUMBOLDT
KANTS Metaphysische Anfangsgründe einen philosophischen Versuch, und wünscht schliesslich, dass
das Zeugnis »bisheriger Unfruchtbarkeit« in
naturphilosophischen Bestrebungen nicht alle Hoffnung
für die Zukunft vernichten möge«. — Die Anmerkung
sagt: Weder KANT noch SCHELLING gelang eine
Naturphilosophie.

III.

Kants Ideen über die Bewohner der Gestirne.

Nach der oben gegebenen Reihenfolge der Zitate
aus dem Kosmos folgt Kosmos Bd. III. S. 32 und die
Anmerkung hierzu S. 21, welche beide zu berücksichtigen wären. S. 32 lautet: Die Träume von Huygens über die Bewohner ferner Planeten, eines strengen
Mathematikers eben nicht würdig, sind leider von
IMMANUEL KANT in seinem vortrefflichen Werke: »Allgemeine Naturgeschichte und Theorie des Himmels«
erneuert worden«. Und S. 21 hierzu lautet: »Der
Kosmotheoros von HUYGENS, der erst nach seinem
Tode erschienen ist, verdient, trotz seines bedeutungs-
vollen Namens, in dieser Aufzählung kosmologischer
Versuche kaum genannt zu werden. Es sind Träume
und Ahnungen eines grossen Mannes über die
Pflanzen- und Tierwelt auf den fernsten Weltkörpern,
besonders über die dort abgeänderte Gestalt des
Menschengeschlechts. Man glaubt KEPLERS Somnium

astronomicum oder KIRCHNERS ekstatische Reise zu
lesen. Da HUYGENS schon, ganz wie die Astronomen
unserer Zeit, dem Monde alles Wasser und alle Luft
versagte, so ist er über die Existenz der Mondmenschen
noch verlegener als über die Bewohner der dunst-
und wolkenreichen ferneren Planeten. .
  v. HUMBOLDT erklärt also KANTS sowohl wie
HUYGENS Meinung, die Planeten seien bewohnt, für
»Träume«, welche eines strengen Mathematikers
eben nicht würdig sind. Diese Anklage gegen beide
ist, wie das folgende zeigen wird, eben so ungerecht
wie engherzig. Schon wenn KANT diese Meinung
nicht als Vermutung, sondern als grosse Wahrscheinlichkeit aussprach, so darf man von vornherein annehmen, dass ihr ein unerschütterlich echter Kern zu
Grunde liegt, sonst würde KANT ein solche Ausserung
nicht gethan haben. Zunächst ist nun zu konstatieren,
dass KANTS Meinung über die Planetenbewohner auf
ganz andere Gründe sich stützt wie HUYGENS Meinung.
v. HUMBOLDT aber stellt es dar, als wenn KANT in
Teil 8 »Von den Bewohnern der Gestirne« direkt an
HUYGENS angeknüpft habe. Dies ist indessen durchaus
nicht der Fall. Freilich wird HUYGENS von KANT in
seiner »Allgemeinen Naturgeschichte des Himmels« erwähnt und angeführt, aber in ganz anderer Verbindung
wie v. HUMBOLDT andeutet. KANT erwähnt die huygenianische Hypothese, welche nichts mit Planeten-
bewohnern zu thun hat. Wir kommen hierauf noch
wieder zurück. Auf den Gestirnen — nicht nur den
Planeten — Bewohner vermuten, zumal wenn man diese
Ansicht durch naturwissenschaftliche Gründe unter-
stützen kann, wie KANT es that, kommt noch keinem

3

»Traum gleich, und hat mit einem Traum überhaupt gar nichts gemein. Ein wirklicher, umfassender
Blick auf das All, welcher nicht einseitig und engherzig
sich an dasjenige winzige Sternchen klammert, welches
wir Erde nennen, noch diesem Sternchen irgend eine
bevorzugte Stellung innerhalb der Unendlichkeit
der Schöpfung beimisst, gelangt dazu, Analogieschlüsse,
welche dem Zwange eines logischen Schlusses fast
gleichkommen, nicht als ›Träume‹, sondern als
›grosse Wahrscheinlichkeiten‹ zu betrachten.
Den KANTischen hier vorliegenden Grundgedanken
hat v. HUMBOLDT ganz ausser Acht gelassen. KANT
sagt: ›Der Stoff, woraus die Einwohner verschiedener
Planeten, ja sogar die Tiere und Gewächse auf den-
selben, gebildet sind, muss überhaupt um desto leichterer und feinerer Art, und die Elastizität der
Fasern samt der vorteilhaften Anlage ihres Baues, um
desto vollkommener sein, nach dem Masse als sie
weiter von der Sonne abstehen. — Dieses Verhältnis
ist so natürlich und wohlbegründet, dass nicht allein
die Bewegungsgründe des Endzwecks darauf führen,
welche in der Naturlehre gemeiniglich nur als schwache
Gründe angesehen werden, sondern zugleich die Proportion der spezifischen Beschaffenheit der Materien,
woraus die Planeten bestehen, welche sowohl durch
die Rechnungen des NEWTON als auch durch die
Gründe der Kosmogonie ausgemacht sind, dieselbe
bestätigen, nach welchen der Stoff, woraus die Himmelskörper gebildet sind, bei den entfernteren allemal
leichterer Art, als bei den nahen ist, welches notwendig an den Geschöpfen, die sich auf ihnen er-
zeugen und unterhalten, ein gleiches Verhältnis nach

sich ziehen muss' [1]. Wenn man zugeben muss, dass
die Sonne alles Leben hervorruft, so ist nicht nur alle
Vegetation, sondern auch zuversichtlich die Art aller
Vegetation von ihr abhängig. Dies ist der Grund-
gedanke, welchen KANT aus seiner Kosmogonie mit
Fug und Recht ableiten darf. Betrachtet man das
eine Hauptgesetz, welchem nicht nur die Planeten,
sondern alle Himmelskörper in gleicher Weise unter-
worfen sind, das Hauptgesetz der Gravitation NEWTONS,
nach welchem die Quantität der Materie in jeglichem
Weltkörper das Mass für seine Anziehungskraft giebt,
eine Kraft, die im umgekehrten Verhältnis des Qua-
drats der Entfernung wirkt, rechnet man hierzu die
Bestimmung und Wirkung der Atmosphäre in Verbindung der Wirkung des Sonnenlichtes, erwägt man
ferner, dass es heute gelungen ist, für Jupiter, Mars
und Saturn eine Atmosphäre nachzuweisen [2], so muss
Sonne und Atmosphäre nach irdischem Ermessen
dazu dienen, Geschöpfe hervorzubringen. Hierzu ge-
sellt sich die Natur unseres Ich und die Natur unserer
Vernunft, deren Art gleichfalls mit unwiderleglicher
Gewissheit mit der Art unseres Planeten Erde zu-
sammenhängt. Beim Nachsinnen über den Grund der
Dinge entdecken wir, dass unsere Vernunft überall
eingeengt ist, sobald wir die Ursache und die Notwendigkeit z. B. des Kausalitätsgesetzes oder sonst
den Urgrund von etwas erforschen wollen. Wir em-

---

1) KANT, Allgemeine Naturgeschichte des Himmels. KEHR-
BACH S. 157.

2 Die Nachweise allerneuester Zeit sind unumstösslich. — Anm.
d. Verf.

pfinden, dass es unser irdisches Erkenntnisvermögen
weit übersteigt, diesen letzten Urgrund hier wie in
allen Dingen ausfindig zu machen, während anderer-
seits ein Blick auf die Tierwelt uns über unsere eigene
Erhabenheit gerade durch unsere selbstbestimmende
Vernunft in Erstaunen setzt. Aber wie gering ist unser
Vernunftvermögen, wenn nur der Blick auf die Tierwelt ihr einen Glanz und eine Majestät verleihen kann,
während die Betrachtung der Vernunft über sich selbst
ihre Unfähigkeit erkennt und nur die Ahnung einer
grösseren Fähigkeit und Vollkommenheit unsere herab-
gestimmte Empfindung zugleich wieder emporzuheben
vermag. Dass es demnach höher und feiner organi-
sierte Wesen als die menschlichen Wesen giebt oder
geben kann, empfinden wir selbst. Steht es ferner
fest, dass die Art unserer Organisation eng mit der
Art und Beschaffenheit unseres Planeten Erde zu-
sammenhängt, so werden auf vollkommener organi-
sierten Planeten auch vollkommenere Geschöpfe existieren. KANT trägt deshalb auch kein Bedenken, in
diesem Sinne Konsequenzen zu ziehen, wenn er sagt:
Wir haben eine Vergleichung zwischen der Materie,
damit die vernünftigen Geschöpfe auf den Planeten
wesentlich vereinigt sind, ausgemacht, und es lässt sich
auch nach der Einleitung dieser Betrachtung leichtlich
erachten, dass diese Verhältnisse eine Folge, auch in
Ansehung ihrer geistigen Fähigkeiten nach sich
ziehen werden. Wenn demnach diese geistigen Fähigkeiten eine notwendige Abhängigkeit von dem Stoffe
der Menschen haben, welche sie bewohnen, so werden
wir mit mehr als wahrscheinlicher Vermutung
schliessen können: dass die Trefflichkeit der

denkenden Naturen, die Hurtigkeit in ihren
Vorstellungen, die Deutlichkeit und Lebhaftig-
keit der Begriffe, die sie durch äusserlichen
Eindruck bekommen, samt dem Vermögen, sie
zusammenzusetzen, endlich auch die Behendig-
keit in der wirklichen Ausübung, kurz der ganze
Umfang ihrer Vollkommenheit unter einer ge-
wissen Regel stehen, nach welcher dieselben,
nach dem Verhältnis des Abstandes ihrer
Wohnplätze von der Sonne, immer trefflicher
und vollkommener werden«. »Da«, so folgert
KANT schliesslich, »dieses Verhältnis einen Grad der
Glaubwürdigkeit hat, der nicht weit von einer
ausgemachten Gewissheit entfernt ist, so finden wir ein offenes Feld zu angenehmen Mutmassungen,
die aus der Vergleichung der Eigenschaften
dieser verschiedenen Bewohner entspringen. Die
menschliche Natur, welche in der Leiter der Wesen
gleichsam die mittelste Sprosse inne hat, siehet sich
zwischen den zwei äussersten Grenzen der Vollkommenheit mitten inne, von deren beiden Enden sie gleich
entfernt ist. Wenn die Vorstellung der erhabensten
Klasse vernünftiger Kreaturen, die den Jupiter oder
den Saturn bewohnen, ihre Eifersucht reizet, und sie
durch die Erkenntnis ihrer eigenen Niedrigkeit
demütigt, so kann der Anblick der niedrigen Stufen
sie wiederum zufrieden sprechen und beruhigen,
die in den Planeten Venus und Merkur weit unter
der Vollkommenheit der menschlichen Natur
erniedrigt sind« [1]).

---

1 Ebendaselbst S. 157 und 158.

Die moderne Astronomie nimmt zu diesen
›Glaubwürdigkeiten, welche von einer ausgemachten
Gewissheit nicht weit entfernt sind‹, keinen negativen
Standpunkt ein, wenn sie im allgemeinen bemerkt:
Wenn wir die ungezählten Sterne am Firmamente
betrachten, wenn wir staunend erkennen, dass die Zahl
dieser leuchtenden Sonnen in's Unermessliche wächst,
wenn wir das Auge mit einem Fernrohre bewaffnen
und sich diese Zunahme keiner Grenze zu nähern
scheint, auch wenn wir die Riesenteleskope der Neu-
zeit zu Hilfe nehmen, wenn wir weiter an die unge-
heueren Entfernungen denken, die uns von den Fixsternen trennen, welche die neuere Astronomie abzu-
schätzen erlaubt, und zu deren Durchmessung das Licht
viele Jahre, ja Jahrhunderte braucht, so muss uns die
Erde, die Sonne, selbst das ganze Planetensystem so
überaus winzig vorkommen, dass der Gedanke, wir
hätten in einem irgendwie bevorzugten Teile des
Raumes unseren Wohnsitz aufgeschlagen oder unser
System nehme eine besondere, wohl gar dominierende
Stellung unter allen diesen ungezählten Sonnen ein,
kaum mehr Platz greifen kann. Er gehört einer ver-
gangenen, längst überwundenen, kindlich naiv denkenden Zeit an. Wir müssen also annehmen, dass wir die
Welt von irgend einem in keiner Weise bevorzugten
Standpunkte aus betrachten‹ [1]. Dieser allgemeine, alles
überschauende Standpunkt führt uns aber zu der not-
wendigen unmittelbaren Annahme, dass unzählige
Sterne unter gleichen oder ähnlichen Bedingungen wie

---

1) Seeliger, Allgem. Probl. d. Mechan. d. Himmels. S. 22.

unsere Erde existieren. Wir nehmen eben keineswegs eine irgendwie dominierende Stelle ein, weder innerhalb der ungezählten Sonnensysteme noch innerhalb des Planetensystems. Obiger grandioser Gedanke lässt bezüglich des Planetensystems geradezu, wenn wir keine dominierende Stellung einnehmen, auf eine Uniformität der Planeten schliessen. Die übrigen Planeten, wie sie dem gemeinsamen Hauptgesetz der Gravitation gehorchen, so werden sie auch den unserer Erde eigentümlichen Hauptgedanken verfolgen, Organismen oder richtiger gesagt organisches Leben hervorzubringen. Der Planet Jupiter, der grösste unter den Hauptplaneten, ist ca. 1356 mal grösser als die Erde, eine dem Universum gegenüber verschwindende Kleinheit, an dem Planetensystem indessen und speziell an unserer Erde gemessen aber ein ausserordentlich grosser Umfang, der wohl in Zahlen ausgedrückt, unmittelbar aber gar nicht vorgestellt werden kann. Sollte ein solch grosser Körper deshalb existieren, um zu einem Nichts zu dienen? Nach menschlichen Begriffen, wo Jupiter noch dazu ein zu unserem Planetensysteme gehöriger Stern ist, und nach der ausgesprochenen Gleichheit und gleichen Bestimmung, ist dies undenkbar. Selbst wenn die Periode der Bildung des Jupiter erst in Jahrhunderten oder Jahrtausenden vollendet sein wird, wie einige annehmen, wird er nicht mit der abgeschlossenen Bildung die Fähigkeit erreichen, einem Zweck zu dienen, ebenso wie unsere Erde? Hieran lässt sich wohl nicht zweifeln. — Wir überlassen es der unparteiischen Erwägung nach dem nunmehr völlig auseinandergesetzten Gedanken KANTS über die Bewohner der Gestirne, es zu

entscheiden, ob die V. HUMBOLDTsche Bezeichnung:
›Traum‹ gerecht oder auch nur besonnen ist. Wie leicht
wäre es jetzt, den Spiess umzudrehen, wie man sagt, und
einem engherzigen, unbesonnenen Ausspruche das rich-
tige Kennzeichen zu geben und dasjenige als ›Traum‹
zu bezeichnen, das sich eng, unbeholfen und ängstlich
an den alleinseligmachenden Planeten Erde anklam-
mert. Doch diesen Gedanken wollen wir nicht weiter
verfolgen. Wir richten nicht mit persönlich-subjek-
tiven, sondern mit sachlich-objektiven Waffen. Eins
aber wäre zuversichtlich besser gewesen. War KANTS
Meinung für V. HUMBOLDT ein Traum‹, dann er-
heischte es wohl die Pflicht, diesen ›Traum‹ zu
widerlegen; denn abgesehen davon, dass es sehr be-
quem ist, eine Meinung ohne Angabe von Gegen-
gründen schlechthin zu verwerfen, so bleibt sie,
unbegründet, stets als eine Behauptung ohne Beweis stehen, und hat so für den Denkenden keine
Kraft der Überzeugung. Müssen wir es noch berücksichtigen, dass VON HUMBOLDT KANTS ›Allgemeine
Naturgeschichte des Himmels‹ ein ›vortreffliches
Werk‹ nennt? Dieses Lob ist neben jenem herben
Tadel nur zweifelhaft. Besser hätte es also gefehlt.
Will man ihm aber Ernsthaftigkeit beimessen, wie lässt
sich dieser Ernst dann mit dem übrigen vereinigen,
was noch geltend gemacht werden wird? Es erscheint
demnach besser, hierbei nicht weiter zu verweilen,
sondern der über HUYGENS von V. HUMBOLDT gemachten vernichtenden Kritik einiges Nachdenken ent-
gegenzusetzen.

Die Rechtfertigung des KANTischen Gedankens
über Planetenbewohner hat selbstverständlich auch auf

HUYGENS' Meinung eine rückwirkende Kraft. Wie HUYGENS in seinem Kosmotheoros seine Gedanken über Planetenbewohner begründet, vermögen wir nicht zu entscheiden, da wir den Kosmotheoros nicht zur Verfügung haben; dies ist auch überflüssig, da vielleicht der Gedanke HUYGENS' über Planetenbewohner unrichtig abgeleitet wurde, der Gedanke selbst aber nicht verkehrt ist. Übrigens ist kaum anzunehmen, dass HUYGENS etwas verkehrt abgeleitet haben sollte. Wir haben es hier mit dem berühmten HUYGENS zu thun, welcher am 17. Dezember 1657 zur endlichen Erkenntnis der wahren Gestalt des Saturnusringes gelangte, nachdem er zwei Jahre zuvor, nämlich am 25. März 1655, den sechsten Saturnustrabanten entdeckt hatte. Dass HUYGENS thatsächlich gar nicht ›geahnt‹ und ›geträumt‹ hat, wie V. HUMBOLDT behauptet, sondern ein Kopf war, der Fähigkeit zu exakter wissenschaftlicher Forschung besass, dies hätte V. HUMBOLDT daraus ersehen können, dass KANT es für wichtig und bedeutsam erachtete, HUYGENS besonders anzuführen, und dessen Hypothese über die Zentrifugalkraft der Planeten NEWTON vergleichend gegenüberzustellen. Diese Stelle bei KANT lautet: ›Nach der HUYGEN-ianischen Hypothese, welche annimmt, dass die Schwere in dem Innern eines Planeten durch und durch gleich sei, ist der Unterschied der Durchmesser in einem zweifach kleineren Verhältnis zu dem Durchmesser des Äquators, als die Zenterflichkraft zur Schwere unter den Polen hat. Zur Erklärung: Da bei der Erde die den Mittelpunkt fliehende Kraft des Äquators $1/289$ der Schwere unter den Polen ist, so muss in der HUYGENianischen

Hypothese der Durchmesser der Äquatorsfläche $^1/_{578}$ grösser als die Erdaxe sein. Die Ursache ist diese: weil, da die Schwere, der Voraussetzung gemäss, in dem Innern des Erdklumpens, in allen Nähen zum Mittelpunkte so gross wie auf der Oberfläche ist, die Zentrifugalkraft aber mit den Annäherungen zum Mittelpunkte abnimmt, selbige nicht allenthalben $^1/_{289}$ der Schwere ist, sondern vielmehr die ganze Verminderung des Gewichts der flüssigen Säule in der Äquatorsfläche aus diesem Grunde nicht $^1/_{289}$, sondern die Hälfte davon $^1/_{578}$ desselben beträgt. Dagegen hat in der Hypothese des NEWTON die Zenterfliehkraft, welche die Axendrehung erreget, in der ganzen Fläche des Äquators bis zum Mittelpunkte ein gleiches Verhältnis zur Schwere des Orts[1]. —

Wenn nun auch die Ansicht NEWTONS über die Centrifugalkraft heute als fest gilt, so darf man doch die hochbedeutsame HUYGENianische Hypothese nicht unterschätzen. Vor allen aber überlassen wir es der unparteiischen Erwägung, ob für den Urheber einer solchen Hypothese, welche lange als unbezweifelt feststand, und welche KANT mit Recht der NEWTONschen gegenüberstellte, ein einziger Analogieschluss für die wissenschaftliche Bedeutung eines ganzes Werkes, nämlich des Kosmotheoros, vernichtend sein konnte. Dass HUYGENS auch v. HUMBOLDT bekannt war, geht aus mehreren Stellen des Kosmos hervor[2]. Hier vollends nennt er ihn einen »grossen Mann« mit »bedeutungsvollem Namen«. Und diesen »grossen Mann«

---

1) KANT, »Allgem. Naturgesch. des Himmels« KEHRBACH S. 87.
2) cf. Kosmos Bd. III. S. 183, 213, 317 u. a. m.

beschuldigt v. HUMBOLDT geradezu einer — Thorheit,
denn HUYGENS soll behaupten, dass der Mond keine
Atmosphäre habe und doch Menschen aufweise, und
zum Beleg hierfür führt v. HUMBOLDT die betreffende
Stelle aus HUYGENS Kosmotheoros an, welche lautet:
Lunam aquis carere et aëre. Marium similitudinem
in Lunam nullam reperio. Nam regiones planas, quae
montosis multo obscuriores sunt quasque vulgo pro
maribus haberi video et oceanorum nominibus insigniri,
in his ipsis, longiore telescopio inspectis, cavitates exi-
guas inesse comperio rotundas, umbris intus cadentibus:
quod maris superficiei convenire nequit: tum ipsi campi
illi latiores non prorsus aequabilem superficiem prae-
ferunt, cum diligentius eas intuemur. Quodcirca maria
esse non possunt, sed materia constare debent minus
candicante, quam quae est partibus asperioribus, in
quibus rursus quaedam viridiori lumine caeteras prae-
cellunt. (Hugenii Cosmotheoros, ed. alt. 1699 lib. II.
p. 114)[1]. — HUYGENS meint also, dass der Mond
weder Luft noch Wasser habe, also keine Atmosphäre,
und entwickelt hierfür die Gründe. Von den ›Mondmenschen‹ spricht er gar nicht, über deren Existenz
er noch verlegener sein soll, wie über die der
Planetenbewohner. Wozu HUYGENS also Gedanken
andichten, die er hier gar nicht ausspricht? Überhaupt ist es unmöglich, dass ein solcher Mann wie
HUYGENS dem Monde Bewohner zugesprochen habe,
welchem er, mit Recht, Atmosphäre abspricht. Wie
reimt sich nun diese ihm zugeschriebene Thorheit mit
dem ›grossen Mann‹ mit ›bedeutungsvollem Namen‹??

---

1) Kosmos Bd. III. S. 32.

In wiefern verdient HUYGENS diesen Spott für eine
Bemerkung und einen Gedanken, welchen er gar nicht
ausgesprochen hat?? Wir überlassen auch hier wiederum die Antwort der unparteiischen Erwägung.

(Fortsetzung u. Schluss siehe Zeitschr. f. Philos. Bd. 106 u. 107.)

Curriculum vitae.

Ich, PAUL VON LIND, protestantischer Konfession, wurde als ehelicher Sohn der protestantischen Grosskaufmannsehegatten ELISABETH VON LIND (geb. Rautenberg) und GUSTAV VON LIND zu Hamburg am 18. Februar 1858 geboren.

Nachdem ich die Gymnasien Halle a. S., Hamburg und Lübeck besucht hatte, verliess ich 1879 die Oberprima des letzteren, um mich der Musik zu widmen, der ich indessen nach wenigen Jahren meines Herzleidens wegen entsagen musste. Behufs nunmehr beschlossenen akademischen Studiums musste ich mein Abiturientenexamen (Gymnasialabsolutorium) noch absolvieren, was 1884 auf dem Gymnasium zu Nordhausen geschah. 1885 ging ich nach München, ursprünglich um Medizin zu studieren, wandte mich indessen bald der Philosophie zu, insbesondere dem Studium KANTS. 1888 verheiratete ich mich, 1890 ward mir das Ehrenamt eines Hauptschöffen, 1894 dasjenige eines Hauptgeschworenen zu Teil. Schon 1892 hatte ich mich behufs Studium der Philosophie an der Universität München immatrikulieren lassen, welcher ich bis 1897 angehörte.